어느 개의 죽음
Sur la mort d'un chien

SUR LA MORT D'UN CHIEN
BY JEAN GRENIER

COPYRIGHT © 1957 BY ÉDITIONS GALLIMARD

KOREAN TRANSLATION COPYRIGHT © MINUMSA 1997, 2020

KOREAN TRANSLATION RIGHTS ARRANGED WITH ÉDITIONS
GALLIMARD THROUGH IMPRIMA KOREA AGENCY

이 책의 한국어판 저작권은 IMPRIMA KOREA AGENCY를 통해
ÉDITIONS GALLIMARD와 독점 계약한 ㈜민음사에 있습니다.

저작권법에 의해 한국 내에서 보호를 받는 저작물이므로
무단 전재와 무단 복제를 금합니다.

Sur la mort d'un chien
어느 개의 죽음
그르니에 선집 3
장 그르니에

윤진 옮김

민음사

마들렌을 위해

차례

어느 개의 죽음　　　　　　9
인간과 동물의 관계에 관하여　　99

옮긴이의 말
부재와 기억. 사랑했던 것들을 위해/윤진　105

1

　얼마만큼인지 가늠하기 힘든 짧은 시간 동안 나는 그로 인한 걱정에서 벗어날 수 있었다. 그를 잊었다. 주사를 놓아 주기로 한 수의사를 기다린다는 핑계로 정원에 나가 산책을 했고, 지난밤에 절반은 깨어 있고 절반은 졸다시피 했다는 것으로는 충분히 설명되지 않는 허기를 달래기 위해 부엌에 가서 요기도 했다. 어쨌든 나는 막간의 휴식에 지나지 않음을 알고 있던 그 시간 동안 온전히 나 자신에게 집중했다. 살기 위해서 공기를 호흡하러 수면 위로 올라온 셈이었다.
　방으로 돌아가서는 다시 깊이 빠져들었다.

2

　　개의 고통은 내 감정이 버텨 낼 수 있는 한도를 넘어 오래 이어졌다. 비축되어 있던 힘이 전부 소진되고, 나는 그야말로 고갈 상태였다. 개는 여전히 살아서 눈을 반쯤 감고 한쪽 구석에서 거칠게 숨을 헐떡였다. 조금 전에는 몸을 일으켜 내 쪽으로 다가오려고 하는 바람에 나는 주체하기 힘든 슬픔에 휩싸였더랬다. 나는 한 손으로 개의 머리를 받치고 다른 손으로 주둥이를 쓰다듬어 주었다. 개는 한참 동안, 아주 한참 동안 가만히 있었다. 나는 아무 말도 하지 않았고, 개는 움직이지 않았다. 그 눈길은 내 눈길에 고정되어 있었다.
　　해 줄 수 있는 일이 아무것도 없었다. 그러나 개는 그 사실을 알지 못했고, 어쩌면 내가 가진 최고의 힘을, 그동안 다른 상황에서 여러 번 효력을 느껴 본 나의 힘을 믿고 있을지 모른다는 생각에 나는 견딜 수 없이 고통스러웠다.

3

내 개가 더없이 그리워지리라. 내 개는 주인이 얼마나 자기를 필요로 했는지 알았을까? 나는 그가 늘 함께 있기를, 나와 함께 산책하고 식사 자리를 함께하기를 바랐을 뿐 아니라, 더 이상한 일은(정말로 이상하지 않은가?) 떨어져 있을 때마저도 그가 필요했다. 밤에 잠을 청할 때 나는 마치 내 개가 사람들이 무서워하지 않고 수시로 불러 대는 수호신이라도 되는 듯 그에게 나를 지켜 달라고 빌었다. 내 개는 대자연의 잔혹성과 광대함을 두려워하는 나를 바로 그 자연과 이어 주는 가교 역할을 했다. 그가 있었기에 나는 자연에서 고요함, 잠, 불안이나 후회가 없는 만족감, 늘 눈앞에 펼쳐지는 햇빛, 걷다가 발밑에서 찾아낸 샘물처럼 마음을 달래 주는 특성들만을 누릴 수 있었다. 내 개가 있었기에 나는, 그를 본받아서, 온전히 그 모든 것을 누릴 수 있었다.

4

밖에 나갔다가 돌아오면, 그래서 개를 보면, 나도 모르게 앞뒤가 안 맞는 욕구에 사로잡혀 곧바로 개를 데리고 밖으로 나가고 싶어졌다. 나는 어느 정도는 내 개의 하인이었다. 스스로 모든 의무에서 자유로워졌다고 생각하기도 했지만, 내 개에 대해서는 한 번도 그러지 못했다. 말하자면 그것은 희생이었다. 하지만 그 희생에는 곧바로 보상이 주어졌다. 나는 더 이상 아무 생각도 하지 않아도 되었고, 개가 이끄는 대로 그냥 따라다녔다.

5

  타이오가 죽음을 맞은 방이 어땠던가. 우리가 몇 해 동안 여름휴가를 보낸 곳이라 타이오도 이미 그 방을 알고 있었다. 때로 그가 바닥 양탄자에 누워 자기도 했던 방이다. 우리가 사흘간의 힘든 여행에서 지쳐 돌아온 날, 그때까지 맥없이 늘어져 있던 타이오는 익숙한 장소를 다시 보는 게 꽤나 좋았던지 몸을 일으켜 걸어 다녔고, 익숙한 구석으로 가서 풀도 뜯어 먹었다. 여행의 끝이 다가오고 있었다. 그것은 또한 그의 삶의 끝이었다.

6

이전에 살던 곳에 — 특히 휴가를 보냈던 곳에 — 다시 가게 되면, 무언가가 우리의 액운을 미리 막아 주는 것만 같다. 하늘과 땅에서, 그곳의 강한 힘들이 만들어 내는 모든 곳에서, 우리는 그 힘들이 우리를 지키기 위해 간직해 둔 것들을 누릴 수 있다. 하지만 생명책에 우리의 살날이 적혀 있다면, 모두 소용없다. 우리 마음속에 머물며 늘 우리와 함께 다니는 적(敵)이 우리의 삶과 격렬히 싸운다. 우리는 한순간 그 적을 길바닥에 내팽개쳤다고 생각하고, 우리에게 호의적인 운세가 다시 승기를 잡으리라고 기대한다. 상황이 좋아지고, 다시 희망을 갖는다. (희망이 멈춘 적이 있던가?) 하지만 힘이 꺾이고, 우리는 영원한 패배를 맞는다.

7

　좋아하는 사람들을 만나게 되면 지쳐 있다가도 기운이 되살아나는 것 같다. 도착한 뒤 나는 타이오를 방에 두고 우리의 친구이기도 한 그 집의 여주인을 보기 위해 식당으로 갔다. 방문은 조금 열어 두었다. 그런데 조금 전까지 네 발로 서는 것조차 힘들어하던 타이오가 우리 앞에 나타났으니 어떻게 놀라지 않을 수 있었겠는가! 타이오는 홀로 남겨지기 싫었고 아무도 없이 버려져 있기 싫었던 것이다.

　그 여행에 타이오를 데려가기로 막판에 마음을 바꾸기를 참 잘했다는 생각이 든다. 출발 전날 타이오는 우리 방에서, 우리 침대 옆에서 자고 싶어 했다. 이튿날 아침에 출발할 때는 어느새 차에 올라타서 자리를 잡고 있었다. 우리는 그의 바람을 외면하지 않기로 했다.

8

　　타이오가 마지막 순간을 보낸 방 이야기를 하다 보니 생각난다. 어떤 고장에서는 가족 중 한 사람이 죽음을 맞이한 방은 더 이상 사용하지 않는 관습이 있다고 한다. 그 방에는 모든 것을 그대로 둔다. 누구도 들어가지 않는다. 그런 식으로 한 세대가 지나면 아무리 넓은 집이라도 살아 있는 사람이 지낼 자리가 없어지지 않을까? 그렇지만 그 관습에는 무언가 내 마음을 끄는 게 있다.

9

누군가 죽고 나면 우리는 질문을 품게 된다. 어떻게 그런 일이 일어났을까? 정녕 피할 수 없는 일이었을까?

의사 여러 명이 병자 한 명을 둘러싸고 있는 고야의 그림이 있다. 그림에는 이렇게 쓰여 있다. "이 사람은 어떤 병으로 죽게 될까?"

그는 죽는다. 확실하다. 이제 죽음에 명칭을 부여해야 한다. 그것이 바로 의사들의 관심사다. 어쩌면 모든 사람들의 관심사다. 의사들이 '살 수 없다.'라고 선고하고, 그와 같은 '살 수 없음'의 진단은 낫게 할 방법을 찾는 모든 시도에 마침표를 찍는다. 그리고 의사들은 목숨을 앗아 가는 자객의 정체를 찾는 조사를 시작한다! 하지만 자객은 대자연이다. 우리에게 첫 번째 날을 선물한 자연이 마지막 날도 선물한다.

10

진단들이 엇갈렸다. 인간의 적이며 동물의 친구를 자처하는(증오는 원래 알리바이를 필요로 하기 때문에 이 두 가지는 늘 함께 간다.) 어느 작가가 추천해 준 수의사는 단순한 '소화기 질환'이라고 진단했다. 그는 '사십오 년의 진료 경험' 때문에 스스로를 너무 과신했다! 단 일 초의 직관으로 내린 진단이리라.

11

우리는 결국 타이오를 데리고 여행길에 올랐다. 마지막 여행 중에도 타이오는 이전의 모든 여행에서처럼 자동차 뒷좌석에, 모든 개들이 그렇듯이 길 위에 펼쳐지는 다채로운 광경에 호기심을 느낄 때 바깥으로 머리를 내밀어 구경할 수 있도록 늘 열어 두는 창문 옆에 앉아 함께 길을 떠났고, 어두워지면 그 자리에 그대로 누웠다.

우리가 호텔에 도착했을 때, 문제가 시작되었다.

12

여행이 가장 힘든 곳은 베네치아였다. 베네치아 시내에는 자동차가 들어갈 수 없기 때문에 누구든 베네치아 시민들의 자랑거리인 높고 거대한 주차 건물에 차를 세워 두어야 했다. 우리는 짐 가방들을 들고 곤돌라에 탔고, 타이오도 불안을 완전히 떨치지 못한 채 함께 탔다. 그런데 곤돌라가 가는 도중에, 정말 난생처음 보는 일이 일어났으니, 곤돌라 위로(뱃전이 수면에 잠길 듯이 물 위를 지나고 있었다.) 물고기 한 마리가 튀어 올랐다. 사공이 손을 뻗어 물고기를 잡으려고 했다. 그런데 타이오가 더 빨랐고, 그 물고기를 낚아챘다. "한 끼 때우려 했더니!" 사공이 아쉬워했다.

호텔에는 개가 먹을 만한 게 없었다. 타이오를 데리고 좁은 골목길들을 한참 동안 돌아다닌 뒤에 나는 유가공품 판매점 앞에서 걸음을 멈출 수밖에 없었고, 소리 없이 경악하는 사람들의 눈길을 받으며 야쿠르트 두 개를 시켜 그중 한 개를 타이오에게 주었다.

13

관습의 다양성에 대한 증거가 더 필요하다면 동물을 데리고 여러 나라를 여행해 보면 된다. 스위스에 갔을 때 어떤 사람이 우리를 보며 개를 데리고 여행한다는 사실에 놀라워했다. "세상에! 이젠 할 수 있나 보죠?" 안전과 통제라는 이상을 실현하기 위해 제정되었을 스위스의 금지 규정이 막 폐지되었을 때였다. 입국할 때 주인의 여권에 동물을 데려왔다는 특기 사항이 기록될 뿐 외국의 개들도 주인을 따라올 수 있게 되었다. 사실 스위스 사람들은 모두 동물을 사랑했고, 그 사랑을 보건 위생에 관한 주요 규칙들과 조정하려고 했을 뿐이다. 이탈리아 사람들은 개에 대해 그다지 호의적이지 않다.(사실 그들에게는 헤쳐 나가야 할 어려움이 이미 충분히 많다!) 타이오가 우리를 따라 곤돌라에 오르자 웅가레티[1]가 탄식했다. "안케 일 카네!"[2] 그에게는 당연한 놀라움이었다.

---

1 1932년 베네치아에서 주는 곤돌리에레(곤돌라 사공) 문학상을 수상한 이탈리아의 시인 주세페 웅가레티(Giuseppe Ungaretti, 1888~1970)에 빗댄 말이다.
2 이탈리아어로 "개까지!", "개도!"라는 뜻.

14

중요한 문제들은 늘 인간의 삶과 관련하여 제기된다. 인간의 삶은 늘 동물의 삶과 분리되어 있다.(적어도 프랑스에서는 그렇다.)

그런데 동물들을 치료하느라 인간과 같은 약을 쓸 때가 많다. 그리고 동물들도 우리가 느끼는 감정들을 그대로 느낄 때가 많다. 타이오는 우리에게 애정을 갈구했다. 손님이 찾아오면 우리 옆에 앉아 관심을 끌려 했고, 쓰다듬어 주길, 적어도 자기 얘기라도 하길 바랐다. 야단을 맞고 나면 삐져서 손을 핥으려 들지 않았다. 토라진 채 버티면서 절대로 먼저 '돌아오려' 하지 않았다. 개들의 눈빛은 우리가 느끼는 것과 같은 감정을 나타낼 수 없다고 누가 감히 주장할 수 있단 말인가? 우리가 느끼는 것과 같다고? 아니다. 개들이 우리보다 잘 느낀다. 우리의 모든 감정에는 복잡성이 자리 잡고 있어서 우리는 개들이 느끼는 절대적인 즐거움과 고통을 알 수 없다.

15

개에게는 사람들이 그러듯이 뒤편에 가려진 세계들 속에 숨을 방법이 없다. 개들은 무대 장치가 어떤지 주어진 배역이 무엇인지 프롬프터 박스가 어디 있는지 상관없이 늘 무대 앞으로 나선다. 사람들은 어느 날 자신이 그저 단순한 배역일 뿐임을 깨닫고(전부 그런 것은 아니고, 경계심 많은 사람들이 그렇다.) 그렇다면 자신들이 출연하는 작품의 주인공은 누구인지 알려고 애쓴다. 왜 하필 자신들에게 다른 역할이 아닌 지금의 역할이 주어졌는지 의아해하면서 바꾸고 싶어 한다. 하지만 그들의 성격은 운명적으로 주어진 것이기에 역할을 바꾸는 것은 불가능하다. 동물들은 정정당당하게 승부에 나서고, 질문을 던지지 않고 그냥 앞을 바라본다.

16

우리 곁에서 동물을 없애는 것은 아주 쉬운 일이고 동시에 거의 불가능한 일이다. 우리가 반드시 동물들에 둘러싸여 있어야 할 이유가 있는 것은 아니지만, 동물들은 우리에게 저항할 수 없는 압박을 안기는 방식으로 자신들이 무엇을 필요로 하는지 깨닫게 만든다. 우리가 타이오를 기르게 된 것은 시스트롱[3]이라는 소도시의 거리를 지날 때, 흔히 떠돌이 개들이 그렇듯이, 그가 우리를 따라왔기 때문이다. 그리고 그의 눈빛이 조각상의 눈빛, 인간의 눈빛을 닮았기 때문이고, 양쪽 눈 사이에 짓궂은 아이들이 던진 돌에 맞아 생긴 게 분명한 상처가 나 있었기 때문이다. 그렇게 타이오를 키우기로 했지만, 그런 뒤에도 타이오가 어딘가로 가 버린다면 찾지 않고 내버려 둘 수도 있었다. 하지만 타이오가 있음으로써 발생되는 어려움들은 오히려 그에게 애착을 느끼게 만드는 또 하나의 이유가 되었다.

---

3 프로방스 지방의 도시로, 알프스와 지중해에서 모두 가깝다.

17

　　타이오가 다정스러웠던가? 충실했던가? 살아 있던 존재가 사라지고 나면 우리는 그 존재에 온갖 장점을 가져다 붙이게 된다. 그렇게 손쉽게 부채감에서 벗어나는 것이다. 얼마나 위선적인지 생각하면 구역질이 나지만, 나 역시 다른 사람들과 똑같이 그런 위선의 죄를 저지르고 있다.

　　그를 처음 본 자리, 개들이 흔히 그렇듯이 그가 관심을 드러내며 우리 뒤를 따라다녔던 그 자리로 다시 찾아간 날, 타이오는 기꺼이 우리를 따라나섰다. 사실 쳐다봐 주고 쓰다듬어 주면 그렇게 하지 않을 개는 거의 없다. 그보다는 우리 쪽에, 개 한 마리를 '길러야'겠다는 생각이 드는, 그 개와 함께 살고 싶어지는 그런 때가 온 것이다. 결혼을 하지 않겠다고 버티던 남자가 어느 날 갑자기 이제 처음 만나는 여자와 결혼하겠다고 결심하는 것과 같다.

18

우리가 동물이나 사람에게 부여하는 감정들은 어떤 상황이었는지, 어떻게 만났는지, 기분이 어땠는지에 밀접하게 연결되지 않을까? 어쩌면 종(種) 자체에 좌우되지 않을까? 흔히 고양이는 땅을 파서 배설물을 묻는다는 이유로 깨끗하다고들 말한다! 그런데 다른 방법이 있나? 어떤 종의 개들은 사냥개로 명성을 누리고 있고, 또 어떤 종은 경비견으로 좋다고들 말한다. 푸들은 영리하고 사랑스럽고 셰퍼드는 충실하다고 한다. 모두 맞는 얘기다. 또한 사냥개의 '주인'이 되려면 그 개를 아주 어릴 때부터 키워야 하는 것 같다. 한 살이 지나면 이미 주인을 따르지 않게 된다. 타이오가 그랬다. 하지만 타이오는 자기 방식으로 충실하고 다정했다.

19

 정말로 '자기 방식으로' 충실했다. 우리가 퐁트네오로즈4에 살았을 때 타이오는 그곳을 아주 좋아했다. 집이 컸으니까, 공원이 좋아서, 쓰레기통들을 뒤지며 돌아다니는 자유를 누렸기 때문일까? 그보다는 아마도 같은 집에 살던 암캐를 좋아했기 때문이리라. 매일 아침 일어나면 타이오는 암캐의 얼굴을 핥아 주러 갔다. 낯선 사람이 다가올 때면, 암캐가 새끼를 가졌거나 위험한 상황으로 느껴지면 곧바로 물어뜯을 태세를 취했다. 우리가 퐁트네오로즈를 떠나 부르라렌5으로 온 뒤에 타이오는 계속 도망쳐서 프리다를 보러 갔다.

---

4 파리 남서쪽 교외 지역에 위치한 도시.
5 퐁트네오로즈에서 동쪽으로 3, 4킬로미터 정도 떨어진 파리 교외 도시.

20

　우리가 타이오의 불충실이라고 칭하는 상태는 사실상 다른 누군가에 대한 충실이었다. 우리에게 충실하지 못했던 때 타이오는 다른 이에게 충실했다. 처음에 그 사실을 이해하지 못한 나는 타이오를 때리지는 않았지만 꽤 엄하게 대했다. 당신이 소유한 개를(사람들은 자기 개를 적어도 정신적으로는 소유한다고 믿는다.) 전혀 예기치 못한 순간에 3킬로미터나 가서 데려와야 한다면 짜증이 날 수밖에 없지 않은가.
　하지만 나는 두 가지 사실로 타이오의 행동을 이해할 수 있게 되었다. 우선 타이오가 도망친 것은 늘 퐁트네오로즈로 가기 위해서였고, 따라서 엄밀히 말하자면 우리한테서 도망친 게 아니라 누군가를 만나러 간 것이다. 또한 내가 데리러 갈 때마다 타이오는 마치 운명의 무게에 짓눌린 듯 고개를 푹 숙이고 아무런 저항도 하지 않았다.

21

　나는 동물들의 참을성에 감탄한다. 동물들은 달리 방도가 없음을 깨닫고 나면 곧 자연의 법칙 혹은 인간들의 법칙에 순응한다.(사실 동물들에게는 두 가지 법칙이 다르지 않다.) 동물들은 기다린다. 하지만 어찌할 수 없는 미래의 시간을 바라보며 기력을 소비하는 인간들과 달리, 동물들에게 그 기다림의 시간은 버려지는 시간이 아니다. 그것은 움직임 없는 현재다. 그것은 끝없이 이어지는 시간이 아니라, 정신이 번쩍 들 때마다 끝나는 시간이다. 만일 누군가 개를 온종일 집 안에만 있게 하면 그 개는 곧바로 가장 좋은 해결책을 찾아낸다. 이 방 저 방 돌아다니다 제일 편안해 보이는 안락의자를 골라 자리를 잡고, 곧 잠이 드는 것이다.

22

우리가 그 개를 이전의 환경, 즉 떠돌이 개들의 환경에서 빼내 온 행위는 그에게 행복을 주었지만 또 그만큼 불행을 안겼다. 언제든 배고프면 먹을 수 있게 되었고 부족한 게 없어졌으니 어떤 의미에서 타이오는 행복해졌다. 단지, 자유를 잃었다. 그런데 타이오는 늘 자유롭게 살아왔으니 자유가 없다는 사실이 궁핍보다 더 괴로웠을 수 있다. 물론 타이오는 사람의 사랑도 필요했다. 언젠가 우리가 여름 한 달을 보내러 엑스6에 있는 친구의 시골집에 갔을 때, 타이오가 사라졌다. 그리고 이튿날 새벽에 목걸이를 어디엔가 버려 놓고 돌아왔다. 수렵 기간이 시작될 무렵이었으니 누군가 몰래 데려가서 묶어 두었던 모양이다. 밤이 되었을 때 타이오는 헐렁한 목걸이에서 목을 빼낼 수 있었고 도망쳐서 우리에게 되돌아온 것이다. 그러니 타이오에게 필요한 게 꼭 자유만은 아니었지 않을까?

---

6 마르세유에서 약 30킬로미터 떨어진 남프랑스의 도시.

23

그런 타이오에게도 계속해서 움직일 수 없는 상태는 견디기 힘들었다. 우리가 마르세유에서 알렉산드리아로 가는 작은 그리스 배에 올랐을 때, 타이오는 자신이 있어야 할 자리를 찾지 못했다. 선장은 우리에게 '조그만 집'(개집 말이다.)을 가져왔어야 한다고 했다. 중갑판에 이동식 우리가 몇 개 있었지만 타이오는 들어가려 하지 않았다. 결국 선실 바닥에 깔린 양탄자에 누운 타이오는 별로 좋아하지 않았다. 선실에 갇혀 있는 시간이 길어지자 뭐라도 찢어 대기 시작했다. 어느 날에는 『죄와 벌』을(가장 덜 비극적인 중간 부분을) 찢었다.

24

누군가의 이야기를 쓰는 것은 죽음과 연관된 일이다. 이전이라면 나도 그런 연관성을 좋아했을 테지만, 지금은 정말 싫다. 만일 타이오가 살아 있다면 지금 내가 그의 얘기를 쓰는 일은 없지 않겠는가. 타이오와 함께 살며 행복할 (또는 불행할) 테고, 그것으로 충분하지 않겠는가. 그런데 타이오는 세상을 떠났고, 나는 그의 삶을 되짚어 보고 싶은 마음을 억누르지 못한다. 다시 한번 살게 해 주고 싶어서일까?

25

　개와 함께 여행하기는 얼마나 힘든지! 인간들은 입으로는 동물을 사랑한다고 말하지만, 정작 인간의 삶은 동물들의 삶과 분명하게 구분된다. 모든 도시가 동물들과 관련된 금지 조항을 늘려 간다. 개들은 공공 산책로에 다닐 수 없고, 거리에서는 줄에 매여 있어야 하며, 기차를 타려면 입마개를 착용하고 다른 승객들의 양해를 구해야 한다. 기계들이 발달한 현대의 삶에서 동물과 인간 사이의 간극은 더욱 심화되고 있다. 고대인들의 삶에서는 달랐다. 지금은 아크로폴리스에 개들의 출입이 금지되어 있고, 개가 들어온다 한들 더 이상 피해 입을 게 없는 폐허가 된 유적지들도 전부 마찬가지다. 물론 교회도 그렇다.

26

우리는 한시라도 빨리 자유로워지길 바라지만, 정작 자유로워지면 무엇을 할지 알지 못한다. "개가 없으면 얼마나 편할까!" 나는 이런 말을 자주 했다. 하지만 그렇게 말하면서 막상 개가 없어지면 아쉬워하게 되리라는 걸 이미 알고 있었다. 게다가 나는 그런 바람이 머릿속에 떠오르면 곧바로 부정해 버릴 뿐이지 입 밖으로 내지는 않을 만큼 나이를 먹었다.

27

교회에 가면 늘 신을 위한 설교를 듣는다. 때로 인간을 위해서 하기도 하지만, 동물들을 위해서는 절대 안 한다.

28

　동물의 고통도 인간의 고통과 비슷하지 않을까? 타이오는 나처럼, 내가 병이 나서 아플 때처럼 아파했다. 나는 심지어 마지막으로 아프던 때의 타이오는—육체의 고통과 정신의 고통을 나누는 게 어리석은 일이기는 하지만—정신적 고통까지 느꼈다고 믿는다. 인간의 고통에 대해서는 '설명'하고 '정당화'하면서 어째서 동물의 고통에 대해서는 그렇게 하지 않는가.

29

　사랑하는 존재의 죽음을 앞두고 끝없이 이어지는 그 기나긴 밤들이면 대화가 심각해지고, 조심스레 피해 온 혹은 한 번도 생각하지 못했던 질문들을 입 밖으로 꺼내게 된다는 사실을 그대는 아는가? M...이 나에게 물었다. "당신은 믿어?" 이 두 어절로 그녀가 하고 싶었던 말은 "사랑받을 자격이 있는 것들은 보이지 않는 세상에 모두 살아 있다는데, 어쨌든 당신은 그 세상을 믿어?"였다. 겉으로 보이는 모습들은 서로 얼마나 다른지! 믿음은 당신이 보는 것으로부터가 아니라 당신 자신으로부터 와야 한다.

30

　물론, 나는 믿는다. 삶의 세상을 이어 가는 또 다른 세상을, 예술가들과 독실한 신자들이 섬광 같은 순간에 그 충만함을 붙잡으려 애쓰는 빛의 세상을 나로서는 믿지 않을 수 없다. 나는 신을 믿는다. 그러나 우리가 발버둥 치는 이 진흙투성이 세상의 모든 것이 바로 그 신의 존재를 통해 설명되고 해명되고 정당화될 수 있다는 생각은 수긍할 수 없다. 내가 보기에는 신 앞에 불투명한 벽이 버티고 서서 신이 하는 일에 맞서는 것 같다. 병균들은 강하고, 사제들은 무엇을 해도 싸워 이길 수 없다. 그 병균을 죽일 수 있는 다른 병균을 찾아내는 방법밖에 없다.

31

아! "죄로 인해 이 세상에 악(惡)이 생겼다."라는 말이 맞을지도 모른다. 확실히 우리의 고통을 불러오는 것들에는 상당 부분 우리 스스로 저지른 과오의 몫이 있다. 그런데 선(善)의 빛줄기는 인간들이 서로 집어삼키며 우글대는 심연까지, 인간들이 타인에게 악을 행하면서 그것을 선이라고 느끼는 그 심연까지 내려오지 않는다. 내가 보기에 이 진흙 구덩이 속에는 신의 손이 없다. 그렇다면 신은 정녕 인간만큼도 자비를 행할 줄 모른단 말인가?

32

 인간은 상당히 위선적이다. 동물을 가엾게 여긴다고 큰소리치고, 그러면서 동물을 착취하고 동물을 잡아 배를 채운다. 어디서나 똑같이 일어나는 가증스러운 희극이다. 강한 자는 약한 자의 가죽을 벗겨 자기 몸을 치장하고, 그런데도 사람들은 강한 자가 그 약자를 사랑한다고 여긴다.

33

타이오 얘기로 돌아와서, 사람들이 늘 자문하듯 나 역시 스스로에게 질문해 본다. "제때 진찰받게 했더라면 타이오를 살릴 수 있었을까? 파리에서 엑스까지 사흘간의 여행, 그것만 피했더라면 타이오가 조금 더 살 수 있었을까? 그 여행 중에 조금만 빨리 서둘러서 목적지에 도착했더라면 타이오의 고통을 줄여 줄 수 있었을까? 어쩌자고 생마르탱드카스티용7에서, 건너뛰어도 아무 상관 없는 그 여정을 채우느라 타이오를 두 시간 동안이나 차 안에 내버려 두어서 파리를 쫓느라 내내 서 있게 했을까?

---

7 프로방스 지방의 보클뤼즈산맥에 위치한 마을.

34

어차피 주사를 놓을 수밖에 없었다면 왜 굳이 타이오를 밤새도록 임종의 고통에 시달리게 했을까? 그리고 타이오가 죽여 달라고 했던가? 아니다, 타이오는 살고 싶어 했다. 우리가 자기를 더 살게 해 줄 거라고 철석같이 믿고 있었을 텐데, 도대체 우리가 무슨 권리로 죽음을 안겼단 말인가. 타이오를 영원히 낫게 해 주러 온 수의사가 M...에게 말했다. "개의 이마를 두 손으로 잡고 계세요." 타이오는 믿음을 가지고 가만히 몸을 내맡겼다.

35

당신이 누군가를 사랑하면서 그 사람에게 돌연한 죽음을 안긴다면, 그것은 상대의 고통을 덜어 주기 위해서인가, 당신의 고통을 덜기 위해서인가? 숨이 끊어지는 모습은 지켜보기 힘들다. 하지만 당신은 사랑 때문에 그렇게 할 수도 있다.

36

여러 철학과 종교는 질병, 노년, 죽음에 대해 결국 단 한 가지의 치료제밖에 제시하지 못했다. 아프거나 늙거나 죽은 듯이 살라는 것이다. 삶의 기쁨을 잃어버릴까 두려워하지 않아도 되도록 스스로 그 즐거움을 없앨 것. 젊음의 쾌락에 실망하지 않도록 노인의 취향을 지닐 것. 삶의 상처를 피할 수 있도록, 할 수 있다면, 송장처럼 지낼 것!

37

    이 글을 쓰면서 나는 인도와 페르시아 시들을 읽을 때 — 오마르 하이얌8의 4행시, 하피즈9의 가잘,10 바르트리하리11의 『100편의 시』였다.— 좋아했던 운율을 나도 모르게 따라 하게 된다. 바르트리하리가 사랑과 지식과 단념을 노래하는 어조는 가슴속으로 파고든다. 그 짧은 형태, 단속적이고 숨 가쁜 운율이 꼭 심장의 박동 같다.

---

8   Omar Khayyām(1048?~1131). 중세 페르시아의 수학자, 천문학자, 시인. 페르시아어로 '4행시집'을 뜻하는 『루바이야트』가 19세기 유럽에 번역되어 큰 인기를 얻었다.
9   Ḥāfiẓ(1325?~1389?). 중세 페르시아의 서정시인.
10 13, 14세기 페르시아에서 유행한, 주로 사랑을 노래한 서정시 장르.
11 Bhartṛhari(570?~651?). 고대 인도의 힌두교 철학자, 문법학자, 시인. 100편의 산스크리트어 시가 담긴 세 권의 저서(사랑, 지식, 욕구에 대한 단념을 노래한다.)를 남겼다.

38

매일 구렁텅이 옆을 걸어가고 언제든 그 안에 빠질 위험을 안고 살아가는 인간은 하지만 무언가 거창한 계기가 있어야만 그 구렁텅이의 깊이를 가늠해 본다. 계기가 필요하니…… 하지만 왜 꼭 필요한가?

39

　우리의 운명은 모두 같다. 그렇기 때문에 나는 지금 개 한 마리의 이야기를 하면서 부끄럽지 않다. 당신 역시 간암으로 죽을 수 있다. 물론 당신의 병을 둘러싼 의례가 훨씬 많을 테고, 당신의 병 때문에 더 많은 돈을 한쪽에서는 쓰고 또 한쪽에서는 벌게 될 테고, 시간도 더 많이 들 테고, 오가는 말들도 더 많을 것이다. 목걸이 하나만 걸고 낡은 담요에 둘둘 말리는 사체와 달리, 당신의 시신은 아름다운 옷을 입고 멋진 관 속에 들어가리라.
　그런데 당신이 죽은 뒤에도 무언가가 살아남는다면 개들도 그러지 않을까?

40

나는 삶을 무척이나 사랑한다! 그래서 늘 죽음에 대해 생각한다. 나는 행복을 갈구하지만 행복을 안겨 줄 힘은 없다. 다른 사람들이 당신에게 어떻게 그럴 수 있느냐고 추궁하고, 자기들은 안 되는데 당신이 삶을 즐기는 것을 용납하지 못한다. 숨어 버리는 수밖에 없다. 아니면 당신이 행복하면 모두에게 이익이 된다는 사실을 믿게 만들어야 한다!

41

보로메오 가문12을 떠올리며 생각한다. 나는 절대로 (꿈속에서는 예외다.) 내가 다니던 학교의 수호성인이었고 페스트가 창궐하던 시절에 밀라노의 영웅적인 주교였던 카를로 보로메오가 되지 않았으리라. 그보다는 이솔라벨라의 동굴과 암벽들을 세우고 그곳에 온갖 종류의 나무들과 향기로운 꽃을 심어 놓은 사람, 웅장한 저택의 테라스를 거닐면서 선조의 모습을 새긴 거대한 조각상이 마조레 호수를 굽어보는 광경을 바라보는 그런 사람이 되었으리라.

---

12 15세기부터 큰 영향력을 행사한 이탈리아 밀라노의 가문. 이탈리아 북부 마조레 호수('마조레'는 '크다'라는 뜻이다.)의 섬들은 보로메오 가문의 소유였고, 이솔라벨라('아름다운 섬'이라는 뜻이다.)는 그 섬들 중 하나다.

42

고통은 언어를 얻고 나면 이슬처럼 증발한다. 그 누구보다 불행한 사람들인 예술가들은 그래서 가장 동정받을 이유가 없는 사람들이다.

43

어쨌거나 그 이행(移行)은 — 그것을 이행이라 부를 수 있다면 — 혐오스럽다! 병자의 주변은 얼마나 더러운지! 시트와 담요, 모두 계속 갈아 주어야 한다. 부패가 시작되기 때문이다. 아! 종말이 찾아오면 모두 안도한다. 씻어 내고, 태운다. 광물계가 아무리 먼지와 진흙까지 포함한다지만 끝없이 배설하는 생명의 영역에 비하면 정결하기만 하다.

44

누군가 내게 말했다. "괴로워하지 마요. 생명체는 절대로 완전히 죽지 않아요. 우리 몸 중 어떤 부분들은 기능이 다 끝난 뒤에도 계속 자라나죠. 머리카락이 그렇고, 나폴레옹의 발가락은 장화를 뚫고 나오기까지 했답니다!" 그렇게 기초적 형태로 이어지는 생명은 차라리 조롱이 아닐까? 치욕이기까지 하다.

45

이제 보니 내가 떠올리는 생각들은 절망과 불신과 반항의 생각들뿐이다. 그럼에도 불구하고 나는 믿음을 갖지 않을 수 없다. 두 존재가 내 안에서 갈등하고 있다. 전능한 존재가 나서서 나의 밤이 집요하게 감추는, 그러나 아무것도 볼 수 없을 만큼 완전히 감추지는 못하는 그것이 무엇인지 알게 해 주었으면.

46

　짐승들 이야기로 돌아오자. 짐승들은 얼마나 자유로운가! 하고 싶은 대로 하고, 꼭 해야 할 일도 없다.

　아니, 다시 말해야 한다. 어디엔가 매여 있기로 하지 않는 한 짐승들은 자유롭다. 주인과 집을 사랑하는 개들이 자유롭다고 말할 수 있겠는가? 고양이들은 자유롭다. 고양이들의 자유는 불충함의 대가로 주어진다.

　자유와 충직이라는 두 가지 종류의 삶의 방식 사이에 놓인 개들은 참으로 불쌍한 동물이다! 결코 하늘의 낙원을 누릴 수 없으면서 지상의 낙원마저 잃어버릴 위험에 처해 있지 않은가.

47

개를 연구한 어느 훌륭한 학자에 따르면, (심리학적으로 말해서) 두 가지 종류의 개가 있다.

하나는 자칼을 조상으로 하는 개들로, 이기적이고 비겁하며 신의가 없다.

또 하나는 늑대를 조상으로 하는 개들로, 착하고 충실하다.

48

나에게 주어진 규율이 개(늑대를 조상으로 하는 개를 말한다.)의 그것처럼 따르기 쉬운, 그저 사랑으로 순응하기만 하면 되는 규율이면 좋겠다. 자연이 악착같이 괴롭혀도, 주인이 버려도, 동족들이 공격해도, 나는 언제나 순수한 마음을 간직하리라.13

---

13 I must love.(나는 사랑해야 한다.) 카르팡트라(프랑스 프로방스알프코트다쥐르 지방의 도시—옮긴이 주)의 박물관에서 본 그림에서 주인 옆에 선 개의 목걸이에 적혀 있던 경구다.(원주)

49

자기 자신을 위해 고통받는 것으로는 충분하지 않다. 다른 이들을 위해서도 그래야 한다. 다른 이들이 고통받는 모습을 보며 우리는 고통을 느낀다. 소유한 것들에 초연해지는 것만으로는 충분하지 않다. 사랑하는 사람들에게도 초연해져야 한다. 가장 좋은 방법은 아예 애착을 지니지 않거나 '모두에게 다정'하게 피상적인 애착을 지니는 것이다.

50

나는 누군가에게 애착을 품고 싶지 않다. 하지만 누군가 나에게 애착을 갖는 것은 좋다. 내 동류의 인간들은 모두 이런 식으로 생각한다. 그래서 자신들의 소망을 들어줄 상대가 없을 때는 개를 구한다. 개의 눈에는 그 누구도 절름발이가 아니고 추한 인간도 장님도 귀머거리도 아니고 몸이 기형이지도 않고 늙지도 않았다.

51

동물들은 매일 아침 당신을 찾아오고, 애정을 표한다. 그들의 하루는 사랑과 신뢰의 행위로 시작한다. 동물들은 적어도 솟구치는 애정을 품고 있다.

52

지금 나는 계속 글을 쓰고 있지만, 아무것도 쓰이지 않는다. 말하자면 메마른 상태다. 강렬한 감정의 물결은 이미 빠져나갔다. 나를 덮친 그 물결 속에 여전히 빠져 있다고 생각했는데…… 그것은 언제든 되돌아올 수 있다. 우선 지금은 메마름에서 기쁨을 얻고 싶다. 그런데 그럴 수가 없다. 메마름은 행복이 아니라 결핍이기 때문이다.

53

"신은 지고(至高)의 지혜로 자연의 법칙을 세우셨습니다. 자꾸 기적을 청하는 것은 신에게 스스로의 행위를 철회해 달라고 조르는 것과 마찬가집니다." 한 사제가 오늘 나에게 말했다.

— 좋다. 하지만 우리가 당신이 관장하는 자연의 맹목적 법칙에 매여 있다면, 신이 그토록 능하고 선하다 한들 무슨 소용이란 말인가. 아스클레피오스14가 에피다브로스에서 행했다는 치유의 기적을 기대할 수 없다면, 모세의 신에게서는?

---

14 그리스 신화에서 의학과 치료의 신. 펠로폰네소스의 에피다브로스에 그가 환자들을 치료하는 아스클레페이온(아스클레피오스 성역)이 있었다.

54

당신은 내게 말할 것이다. "지금껏 누렸던 기쁨에 대해 감사해야 하지 않을까요?" 하지만 그 기쁨을 안겨 주는 손과 빼앗아 가는 손이 같다면?

55

어느 날 오후 엑스의 시골길을 산책하며 르네 왕15의 사냥 별장 부근을 지나갔다. 한순간, 마들렌이 보이지 않았다. 이름을 불러 봐도 소용이 없었다. 타이오가 우리의 불안을 알아차렸고,(그 역시 마들렌이 없어진 것을 모르고 있었다.) 그 순간 평소와 다르게 공포에 질린 것처럼 짖기 시작했다.

---

15 15세기 프랑스의 귀족으로 흔히 '르네 당주(앙주의 르네)'라는 명칭으로 불린다. 앙주 공작, 프로방스 백작, 로렌 공작, 나폴리 및 시칠리아의 왕 등의 직함으로 많은 영향력을 행사했다. 르네 왕은 말년을 엑스에서 보내다가 그곳에서 사망했다.

56

연도(連禱)와 성가를 듣고 있노라면, 개를 데리고 산책할 때와 똑같은 분위기에 잠기게 된다. 편안한 졸음에 빠진 상태다.

57

6월 1일이다. 새들이 지저귀고, 멀리서 암탉 한 마리가 운다. 기차가 지나가는 소리도 희미하게 들린다. 수탉이 노래를 시작한다. 세상은 더없이 충만하다.

그렇다면 세상에 부족한 것이 없는가? 실선으로 그려진 세상의 형상 뒤편에 점선으로 그려진 형상들이 있다. 불행히도 내 눈길이 그 위에 고정되면, 점선의 형상들이 실선의 형상보다 훨씬 많아지면서 결국 실선의 세상 형상이 사라지게 된다.

58

더는 걱정도 근심도 없다! 그런데 걱정과 근심이 없으니 일상의 자질구레한 공허에 빠지게 되고, 그러다 보면 걱정과 근심이 없는 것보다는 차라리 고통이 낫다고 생각하게 된다.

지난밤에 과일을 먹으려고 식당에 내려간 나는 소리를 내지 않으려고 조심해야 할 필요가 없었다. 부엌에 놓인 바구니에서 자던 개가 없으니, 내 소리 때문에 잠이 깬 개가 어서 밖으로 나가자고 졸라 댈 위험이 없다. 하지만 나는 차라리 그 위험을 감수하고 싶었다.

59

지금도 나는 내가 글을 쓰고 있는 이 방에 타이오가 들어와서 방해했으면, 짐승들 특유의 거절하기 힘든 방식으로 산책을 나가자고 졸랐으면 좋겠다. 하기야 그랬다면 이 이야기를 쓰고 있지 않으리라.('쓰다'는 '살다'와 반대다.) 지금처럼 채워야 할 종이를 앞에 두고 앉아 있지 않을 테니 방해받을 일도 없었을 터다.

60

누가 뭐라 하든, 어쨌든 오늘의 빛은 감미롭다. 사람들이 훗날 우리가 누리게 된다고 말하는 그 빛도 지금의 빛과 같을 수밖에 없으리라. 사람들은 우리를 유혹하기 위해 그 빛이 영원하다고 말한다. 우리는 훗날의 그 빛이 그렇지 않으리라고 상상할 수 없다.

61

우리는 다른 사람들을 가엾게 여기고 우리 자신을 가엾게 여기기도 하지만 그것은 삶이 우리에게 마련해 준 기쁨들을 잊기 때문이다. 고통이란 무언가의 결핍으로 시작될 뿐인데, 기쁨을 먼저 알지 못했다면 어떻게 고통을 알겠는가? 동물은 살면서 행복해한다. 나중에 겪은 고통 때문에 일생 동안 누린 기쁨을 부정할 이유가 없지 않은가.

62

우리가 자꾸 운명과 사연과 신을(사실상 하나인 실체를 명명하기 위해 많은 이름이 쓰인다.) 원망하는 것은 첫 기쁨을 맛보면 영원한 행복을 확신할 수 있다고, 첫 기쁨을 누리고 나면 그에 대한 완전한 소유가 보장된다고 믿기 때문이다. 생각해 보면 어처구니없는 믿음이다. 자기를 거두어 준 낯선 사람을 아버지라고 믿는 고아와 다르지 않다.

63

아침이면 계단에서 타이오의 발소리가 들리지 않아 나는 자꾸 놀란다. 타이오는 올라가도 되느냐고 묻지도 않고 곧바로 침대로 뛰어오르곤 했는데…… 낮 동안에는 그 정도로 대담하지는 못했다. 방바닥의 양탄자에 누워 제발 털이불 위로 올라가게 해 달라고 간절한 눈빛으로 청했다.

64

타이오는 이따금 규율이 느슨해질 때 우리의 식사 자리에 동참할 수 있었다. 하지만 그때를 제외하면 식당의 문 뒤에서 기다리다가 식사가 거의 끝날 때쯤 들어와야 했다. 살짝 열린 문 틈으로 타이오의 주둥이 옆모습이 보였다. 타이오가 원하는 것은 오직 한 가지, 안으로 들어갈 수 있는 순간을 앞당겨 달라는 것이었다. 식당에 들어온 타이오는 이 사람 저 사람에게 갔다가, 자기를 제일 잘 받아 줄 것 같은 사람의 무릎에 머리를 기대곤 했다.

65

　6월 4일에서 5일 사이의 밤, 꿈속에서 타이오를 보았다. 이미 죽은 타이오가 다시 살아났고, 내 꿈속에서 두 번째로 죽었다. 타이오는 몸뚱이가 아주 작아졌다. 나는 털이 없는 동물의 부드러운 살갗 같고 벨벳처럼 부드러운 하얀 가죽으로 타이오의 몸뚱이를 감싸 주었다.

66

이웃들이 플랑보와 미라라는 이름의 자기네 개들이 얼마나 똑똑한지 얘기할 때 나는 빙그레 웃는다. 플랑보는 자기가 짖어 대면 허락을 얻어 미라를 보러 갈 수 있다는 사실을, 크게 짖을수록 허락이 쉽게 떨어진다는 사실을 알았다.

67

G. P.가 타이오의 죽음에 크게 상심했다. 그는 타이오에게 호의를 베풀며 돌봐 주기도 했었다. 물론 '호의'라는 말 자체가 동물에 대한 인간의 우월성을 드러낼 수도 있다. 그런데 인간의 우월성을 믿지 않고 개들처럼 견유학파로, 이 경우에는 감상적인 견유학파로 사는 것을 이상으로 삼는 사람들도 있다.

68

지금까지 개를 많이 키웠다. 특히 나의 어린 시절을 즐겁게 해 준 **륄뤼**라는 이름의 폭스테리어가 있었고, 삼촌이 자기 회사와 사무실을 지키라고 일부러 쇠창살 달린 우리 안에 묶어 놓고 키워 사납게 만든 카덴이라는 이름의 커다란 셰퍼드도 있었다. 그 뒤에 키우던 다른 개는 자꾸 지나가는 사람을 물어뜯는 바람에 없앨 수밖에 없었다.

69

프랑스에서라면 누구든 자기가 길러 본 개를 최소한 나만큼은 꼽을 수 있을 것이다. 하지만 '개'라는 말이 가장 심한 욕설로 쓰이는 이슬람 국가들에서는 다르다. 그곳에서 개는 돼지와 마찬가지로 쓰레기로 배를 채우고 거리를 떠돌아다니는 부정한 동물로 여겨진다. 그곳 사람들에게 개는 기껏해야 사막에서 텐트를 지키는 일에나 써먹을 야생동물이다.

우리는 그런 개를 기른 적이 있다. 테베의 어느 고고학자의 부인이 맡아 달라고 부탁한 그 개에게 우리는 카이로 상점가의 이름을 따서 **무스키**라는 이름을 붙였다. 무스키는 낯선 사람을 보면 달려들어 물려고 했고, 때로는 우리한테도 덤벼들었다. 너무도 아름답고 탐스러운 흰 털을 가진 개였다.

70

이슬람을 연구하는 한 학자가 나에게 한 말에 따르면, 이슬람 사람들이 개를 좋아하지 않는 것은 개에 대해 잘 모르기 때문이다. 그는 어느 날 자기 집 하인이 개를 야단치는 것을 보았다고 했다. 그런데 그의 가족은 여행을 떠나 집에 없었고, 개가 울기 시작하더니 먹이도 먹지 않았다는 것이다. "왜 이러는 겁니까?" 하인이 물었다. "여주인들이 없어서 그런 거야." 그가 대답했다. 하인이 대꾸했다. "남자들하고 똑같네요?"[16]

---

[16] 프랑스어로 여주인을 뜻하는 'maîtresse'에는 '첩, 정부(情婦)'라는 뜻도 있다. 하인은 주인 가족 중 여행을 떠난 여자들을 지칭하는 말을 첩들로 이해한 것이다.

71

"거두어들일 수 있는 만큼만 씨 뿌리기를!" 하피즈의 글이다. 하지만 나의 욕망은 나의 필요와 나의 힘을 넘어선다. 나는 이런 내가 살아 있는 다른 모든 존재와 같다고 믿는다. 개들한테서 귀감을 구해 보려고 했지만 실패했다. 개들이 기회만 있으면 필요 이상으로 먹어 댄다는 사실을, 자기들이 토해 놓은 것 앞에서도 혐오감을 느끼지 않는다는 사실을 우리는 굳이 성경을 읽지 않았더라도 알 수 있지 않은가.17

그렇다. 개들은 우리보다 우월하지 않고, 우리에게 도덕적 교훈을 주지도 않는다. 개들은 그보다 더 낮아서, 우리와 마찬가지다.

---

17 「베드로후서」 2장에 복음을 알았던 사람이 다시 세상의 더러움에 빠지는 것을 경고하는, "개가 그 토하였던 것에 돌아가고 돼지가 씻었다가 더러운 구덩이에 도로 누웠다."라는 구절이 나온다.

72

오늘, 1955년 6월 7일 화요일, 간밤의 비바람이 가라앉은 뒤 아침의 날씨가 어찌나 쾌적한지 나는 모든 근심을 내려놓을 수 있고, 어떤 형태로든 무언가를 표현하라고 명령하는 작은 목소리도 별로 힘들이지 않고 눌러 버릴 수 있다. 그럼에도 불구하고 나는 이 글을, 내가 사랑했던 한 존재의 그림자가 간신히 드러날 뿐인 글을 쓰고 있다.

73

내 착한 개가 죽기 전에 누릴 수 있었던 큰 기쁨들 중 일 년 전에 우리가 마련해 준 잠자리용 바구니가 있다. M...이 BHV 백화점에서 사 온 커다란 버드나무 바구니였다. 사실 우리가 처음에 그 바구니를 사기로 한 것은 타이오를 편히 있게 해 주기 위해서가 아니라 밤에 그가 잠을 자는 부엌을 깨끗이 하기 위해서, 침구로 쓰는 낡은 헝겊들이 (타이오가 그것을 깔고 자지 않고 자꾸 찢어서 흩뜨려 놓는 바람에) 부엌 바닥에 널브러져 있지 않게 하기 위해서였다. 이처럼 우리의 행복과 불행이 주로 외적인 것에서 기인할 때가 많다.

74

나는 병자를 그 가까운 사람들이, 노인을 자식들이, 때로 환자를 간병인들이 세심하게 보살피는 모습이 좋다. 베개를 새로 바꾸어 주는 일은 사실 하찮기만 할 뿐이다. 하지만 달리 해 줄 게 없는 상황이라면? 우리는 생명을 서서히 죽이는 과정을 대자연에(신에게라고 말하지는 않겠다.) 넘겨준 채 온 힘을 다해 바로 그 자연에 맞서지만, 그럴 때 우리의 온 힘은 결국 거의 아무것도 아니다. 하지만 바로 그 '거의 아무것도 아님'이 나를 감동시킨다. 그것은 인간적임에 남겨진 여백의 자리다.

75

생각해 보면 대자연과 인간의 대립, 어차피 인간이 아무것도 할 수 없는 그 싸움은 기독교 신성의 위계에서도 성부와 성자 사이에서 그대로 나타난다. 아들은 아버지에게 기도하고 간청하는 것밖에 할 수 있는 일이 거의 없다. 그리스도의 수난에서 우리를 감동시키는 것은 바로 고난을 받아들이기 전의 그 무력한 반항이다. 그것이 바로 우리의 수난이자 열정18이다.

---

18 프랑스어로 'passion'은 외부로부터 가해지는 힘을 '당하다, 겪다'라는 뜻의 라틴어 어원을 갖는 말로 처음에는 순교자들의 수난, 예수의 수난을 의미했다. 점차 '격한 감정을 겪다'라는 의미가 더해져 정념, 집착, 흔히 열정, 연정 등을 뜻하게 되었다.

76

어떤 이는 대자연의 위엄을 그리고, 또 어떤 이는 인간의 비참을 그린다. 인간이 대자연에 속한다는 사실에는 의심의 여지가 없다. 온전히 속하지 않는 인간은 그 속하지 않는 몫만큼 불행하다. 타이오는 진정한 동물로 온전히 자연에 속하는 것 같다. 그를 강력한 힘의 대행자로 삼아 바라보고 곁에 두는 것은 큰 위안이었다. 하지만 그가 솟구치는 애정을 드러낼 때, 죽음을 맞으며 애원하는 눈길을 던질 때, 그 눈가에 눈물이 맺혀 있었다. 그런 타이오의 모습이 그럴 때 울음을 터트렸을 인간의 모습보다 더 깊이 내 마음을 흔들었다.

77

어제 저녁 우리가 늘 지나는 시골길을 산책할 때, 놀랍게도 평소와 달리 조용했다. 누군가 지나가면 철로 너머 반대편에서, 그래 봐야 아무런 소용이 없는데도 악착같이 맹렬히 짖어 대던 개의 소리가 들리지 않았다. 아마도 죽었으리라. 그러고 보니 주인한테 찾아가서 그저 형식적인 항의만 하고 개를 없애 버리라고 강력하게 요구하지 않기를 잘했다. 그 개를 세상에 내보낸 분이 그때만큼 조용히 다시 데려갔다.

78

　우리는 스스로 살아간다고 생각하지만 사실은 살아남을 뿐이다. 우리는 꽃들과 가축들이 사라진 뒤에도 살아남고, 부모를 잃고도 살아남는다. 우리 자신을 잃고서도 살아남는다. 사는 동안 육신의 부분들이 우리를 버려두고 가 버리기도 하지 않는가. 나중에는 우리의 계획과 추억이 사라진 뒤에도 살아남는다. 그럼에도 우리는 늘 '살아간다.'라고 말한다.

79

개들을 측은히 여기는 일이 우스꽝스럽다는 사실은 나도 안다. 하지만 개를 기르는 사람이라면 누구라도 그래 본 적이 있다. 가장 단단한 칼날이 반대로 부드럽고 쉽게 부서지는 작은 돌멩이들, 아무런 저항도 하지 않는, 자기가 지고 말 테니 허락해 달라고 청할 뿐인 돌멩이들에 닿아 무뎌지고 만다.

80

개를 기르는 사람들, 그리고 개를 좋아하는 사람들은 아마도 개와 말하기 위해 일부러 고안해 냈을 특별한 언어를 사용한다. 그리고 독특한 어조로 개에게 말을 건넨다. 말의 내용보다 어조가 중요하다. 결국 그들은 자신들에게도 개와 친족적인 특성이 있음을 알게 되고, 그러한 개와의 친족성은 주변 사람들에게 웃음을 촉발한다. 하지만 그러한 친족성이 토템을 신봉하던 이들의 눈에는 자연스러워 보였을 테고, 주변에서 웃고 있는 사람들 역시 어린 시절에는 마찬가지였다.

81

 타이오가 지녔던 방랑과 사냥의 본능을 저지하지 말았어야 했다고 자책하게 된다. 우리와 함께 지내는 동안 타이오는 말하자면 실업 상태였다. 그는 아무 일도 하지 않고 지내느라 힘들었다. 타이오는 노동을 하기 위해 태어나지는 않았지만,(이 점에서는 대부분의 인간과 비슷하다.) 그래도 무엇인가를 하기 위해 태어났다. 그 점 역시 인간들과 비슷했다.

82

우리가 누군가에게 품는 애착은 상대가 주는 기쁨뿐 아니라 상대가 야기하는 근심에서도 비롯된다. 그 상대는 전적으로 당신의 책임이기에 성스러운 존재다. 만일 당신이 전적으로 책임지고 지켜야 하는 장소가 있다면, 그 장소에 사는 사람의 운명이 모든 사람에게 달려 있는 동시에 당신에게 달려 있기 때문에, 그곳이 성스러운 장소가 되는 것과 같다.

83

우리가 선을 행하는 것은 나무가 그늘을 제공하는 것처럼 생명을 구성하는 기본적인 욕구다. 선을 행하면서 얻는 기쁨은 우리가 그 선행의 대상과 멀리 있을수록 더 커진다.

아무리 고약한 인간이라도 동물에게는 저항하지 못한다. 그렇게 아무리 징벌하는 신이라도 비루한 벌레 같은 우리 인간에게 긍휼의 옷자락을 펼쳐 주지 않을 수 없다. 대속(代贖)의 구원은 죄 사함을 받는 인간뿐 아니라 구세주에게도 불가피한 일이다.

84

밤의 짙은 어둠 속에서, 나를 둘러싼 보이지 않는 힘들 외에는 아무도 내 말을 들을 수 없다는 확신이 설 때면, 나는 나지막하게, 이따금 큰 소리로, 그를 불렀다. "네가 없으니 중심을 잡을 수가 없구나. 이대로는 넘어질 것 같구나. 양쪽으로 구덩이가 깊이 패고, 자꾸 현기증이 이는구나. 네가 있을 땐, 아무리 멀리 있어도 살아 있을 땐, 나도 흐르는 물가에서 자라는 나무처럼, 하늘을 향해 우거진 가지를 당당히 뻗는 나무처럼 든든했는데."

85

어쩌면 내 개처럼 그날그날을 순간 속에서 살며 매번 일어나는 일에 몰두했더라면, 나 역시 다가올 날을 쓸데없이 걱정하느라 괴롭지 않았으리라. 다가올 고통을 미리 생각해 보지 않았을 테니 냉정하게 기다릴 수 있었으리라. 나에게 이 세상의 삶에서 거짓이 필요하지 않았을 테고 내세의 삶에서도 위안이 필요하지 않았으리라.

하지만 동물이라 해도 타이오 역시 기다림 속에서, 결국 불안 속에서 살지 않았을까?

86

고대의 묘석에는 서 있는 주인을 올려다보는 개들이 있고, 중세의 평석에는 주인의 횡와상(橫臥像) 발치에 배를 깔고 누워 있는 그레이하운드들이 있다. 그런데 오늘날의 묘지에는 가장 친근하고 가장 충직한 동물인 개들이 심지어 형상으로도 함께 있을 수 없다. 인간은 홀로 머물러야 한다. 자기 능력만큼만 누리는 것이다.

개를 따로 매장하기는 한다. 아니에르19 옆의 섬에 있는 묘지가 그런 곳이다.

---

19 파리 북서부 교외의 아니에르쉬르센에는 1970년대의 도시 정비 사업 이전에는 아니에르 지역과 센강 지류의 몇 개의 섬들이 있었다. 그 섬 중 하나인 로뱅송섬에 1899년에 개를 비롯한 반려동물들을 위한 묘지가 조성되었다.

87

그곳에 있는 개들의 묘지에는 충직했다, 너그러웠다, 헌신적이었다…… 주인이 결코 잊지 못할 것이다…… 등으로 개를 기리는 비문(碑文)이 새겨져 있다. 하지만 사람은 그 묘지에 묻히지 않는다. 개의 필멸성이 인간의 불멸성을 손상시킬까 봐 두려워서일까? 다른 길을 향해 가는 두 운명의 분리를 보다 확실히 하기 위해서일까? 그래야만 불멸할 수 있다는 조건을 받아들여야 할까?

88

고대 이집트의 지하 묘지에서도 동물과 인간은 분리되어 있다. 하지만 그것은 동물을 배척하기 위해서가 아니라 동물의 영광을 기리기 위해서다. 따오기, 황소, 고양이, 개…… 종(種)에 따라서 각자 구역이 있고, 동물들은 각자의 구역 안에서 미라의 위엄을 갖추고 신의 여러 가지 속성들을 상징하고 있다. 신의 속성들은 인간에게는 양립 불가능하지만, 우주에 생명을 불어넣는, 군데군데 끊어지는 알아들을 수 없는 말로 힘과 꾀와 사랑을 계시하는 **그분** 신 안에서는 모순되지 않는다.

89

프렝탕 백화점에, 보다 정확히는 그곳 지하층에 가면, 가정용품들 사이에 이동용 개집 하나가 "나를 입양해 주세요."라고 굵은 글자로 인쇄된 판을 달고 놓여 있다. 호기심으로 모여든 사람들 틈을 헤치고 다가가 보면, ('동물보호협회'에서 매일 바꾸어 데려다 놓는) 개 한 마리가 애써 태연한 척하고 있다. 구경꾼들은 개를 보면서 경계심과 동정이 뒤섞인 관심을 느낀다. 그들은 마음속으로 생각한다. 사나운 개일까? 아파트에 데리고 들어갈 때 관리인 여자가 아무 말도 안 할까? 여름에 휴가 떠날 때 데려갈 수 있을까? 우리 바알세불[20]께서는 뭐라 하실까? 아이들이 어머니의 손을 끌어당기며 말한다. "우리가 데려가요, 엄마!" 하지만 이성적인 어머니는 살아 있는 개를 공짜로 얻는 것보다 차라리 돈 주고 봉제완구 강아지를 사는 게 낫겠다고 생각한다.

---

20 성경에 '바알세붑'이라는 이름으로도 등장하는 악의 우두머리로, 여기서는 중세 때 바알세불의 색을 지닌 사탄의 신하로 간주되었던 검은 고양이를 말한다.

90

제일 짧게 말해 보자. 우리를 사랑하는 혹은 사랑할 준비가 된 이들을 사랑하자. 보잘것없는 힘을 사용해서 설득하려 들지 말자. 인간의 장점을 믿지 말자. 우리에게 주어진 놀라운 은혜를 성심껏 받아들이자. 손 하나가 그때까지 우리를 격리시키던 커튼을 걷고 우리 앞으로 다가온다. 어서 그 손을 잡고 그 손에 입을 맞추자. 그 손이 다시 사라지고 나면, 결국 그대에게는 아무것도 남지 않게 된다. 그대는 오로지 그 사랑의 행위를 통해서만 그대일 수 있다.

1955년 5월 15일에서 6월 12일까지

인간과 동물의 관계에 관하여

철학자들은 흔히 동물을 이용해서 인간을 돋보이게 하려 애쓴다. 동물에 대해 다르게 말해 보자. 그러니까 인간과 동물을 구분해서는 안 된다. 한쪽에 의식과 그로 인한 고뇌를 놓고 다른 쪽에 아무것도 모르는 상태와 무의식의 평화를 두어서는 안 된다.

어린아이는 그렇게 구분하지 않는다. 무엇 때문에 그러겠는가? 차라리 살아가는 방식에 서로 다른 두 가지 형태가 있다고, 개와 고양이를 통해 그 두 형태를 나타낼 수 있다고 말하자.

개 쪽에는 말과 비둘기가 포함된다.
고양이 쪽에 원숭이와 앵무새가 포함된다.

개 쪽에는 **친밀감**이 있다.
인간의 친구인 개, 인간이 정복한(그러나 그 정복은 동맹 관계로 바뀌었다.) 가장 고귀한 대상인 말, 그리고 비둘기(때로 무고한 희생자를 지칭할 정도다.)는 가장 친근한 동물들이다. 토끼와 몇 가지 다른 동물을 더할 수 있다.

  인간은 친밀감을 갈망하고, 그러한 친밀감은 어린아이들에게, 어머니인 여자들에게, 우정을 나누는 남자들에게 잘 드러난다. 친밀감은 대립을 배제하지 않는다. 친한 사람들 사이에도 싸움이 일어날 수 있다.

  개 쪽에 속하는 동물들이 갖는 특징은 흔히 인간들만의 것이라고 잘못 알고 있는 '인정(人情)'이라는 자질이다. 우리는 '인간적인 정'을 이야기하지만, '개들의 정' 역시 이야기할 수 있다.

  고양이 쪽에는 거리감이 있다.
  원숭이와 앵무새도 고양이 쪽에 놓인다. 우리가 감탄하며 바라보는, 하지만 친근하게 느낄 수 없는 동물들이다. 뷔퐁21의 말대로 고양이는 우리에게 다가와 어루만져 주는 대신 우리에게 그렇게 해 달라고 한다는 생각을 해 보면, 고양이에게는 애착을 느끼기 힘들다. 그런데 그런 거리감은 본질적인 것이다. 그 동물들이 아무리 완벽하게 사람을

---

21 조르주루이 르클레르 드 뷔퐁(Georges-Louis Leclerc de Buffon, 1707~1788). 18세기 프랑스의 박물학자. 그가 쓴 방대한 분량의 『박물지(Histoire Naturelle)』에서는 고양이를 개와 대비하여 충직하지 못하고 이기적인 동물로 설명하고 있다.

흉내 낸다 해도 거리감은 줄어들지 않는다. 앵무새는 사람의 목소리를, 원숭이는 몸짓을 흉내 내지만, 그럴 때도 우리에게서 멀리 있다. 차라리 식물들이 더 가깝다.

결국 살아가는 방식에는 두 극이 있다. 하나는 가까이 있기, 다른 하나는 멀리 있기. 하나는 이어 주고 하나는 나눈다. 하나는 '정신'의 방식이고 다른 하나는 '자연'의 방식이리라. 그러나 정신과 자연을 나누는 경계선은 알 수 없다. 단지 애착을 품고 이으려는 쪽과 초연하게 떨어지려는 쪽의 대립이 있을 뿐이다. 로마의 들판에서 흔히 볼 수 있는 우산소나무처럼 다른 나무들과 떨어져 자라서 지평선에 홀로 서 있는 나무들이 있고, 포도나무와 올리브나무처럼 모여서 서로 어울리며 자라는 나무들도 있다. 줄리어스 시저는 하늘을 향해 우뚝 서 있지만, "사랑을 함께 하기 위해 태어난"[22] 안티고네는 오빠를 향해 몸을 숙인다.

어느 쪽에 있는지가 우리가 말한 것만큼 분명하지 않을 수도 있다. 오르페우스는 에우리디케에 대한 사랑 때문에 지옥으로 되돌아간다.(개의 충실함) 그녀를 데리고 나오

---

[22] 소포클레스의 비극 『안티고네』에서 반역자로 버려진 오빠의 주검을 매장하려다 잡혀 온 안티고네는 테베의 왕이 된 크레온이 원수는 죽은 뒤에도 친구가 될 수 없다고 말하자 "나는 증오가 아니라 사랑을 함께하기 위해 태어났다."라고 반박한다.

면서는 약속을 어기고 결국 뒤돌아본다.(고양이의 호기심) 사랑(개)과 앎(고양이)의 대립은 에로스와 프시케의 신화에도 나타난다. '눈이 멀어 아무것도 보지 못하는' 상태에서만 사랑할 수 있는 걸까? 알기 위해서는 헤어져야, 적어도 일정한 거리가 있어야 하는 걸까?

고양이 쪽은 신성(神性)을 지향하고, 개 쪽은 신을 지향한다. 양쪽의 기도는 사뭇 다르다.

고양이 쪽의 기도:
세계의 중심에 계신 신이여, 나로 하여금 돌멩이처럼 가만히 있고 식물처럼 느리고 동물처럼 맹목적이게 하소서.
나의 본성이 오로지 대자연의 반영이게 하소서.
나 개인의 운명이 우주의 운명과 하나이게 하소서.
나의 지혜가 오로지 필연성을 깨닫는 데 쓰이고 나의 가슴이 오로지 그 필연성을 갈망하는 데 쓰이게 하소서.

개 쪽의 기도:

나의 하느님, 온갖 불결한 것들을 다스리시는 신이 별들을 다스리시는 신과 같을 리 없다고, 나는 간절히 믿고 싶나이다.

당신께서 내 마음속에 사랑의 욕구를 불어넣어 주시니, 내가 사랑하는 모든 것 안에서 당신을 발견하게 하소서. 메마른 가슴을 진리로 잘못 알지 않게 하소서.

트라몽탄23이 불어오면 로마 분수의 물들이 없어진다고들 하지만, 나는 그 북풍이 당신 눈의 광채를 되살리는 것을 보았나이다.

---

23 어원에는 '산 너머'라는 뜻이 있는데, 여기서는 알프스와 피레네 너머 북쪽에서 지중해 지역으로 불어오는 북풍을 말한다. 흔히 남프랑스 지방의 북서쪽에서 불어오는 미스트랄과 같은 의미로 사용된다.

옮긴이의 말

부재와 기억,
사랑했던 것들을 위해

프랑스의 철학자이자 작가인 장 그르니에(Jean Grenier)는 1898년 파리에서 태어나 브르타뉴에서 성장했고, 파리 고등사범학교와 소르본 대학교에서 수학했다. 1922년에 철학 교수 자격을 얻은 뒤 아비뇽, 알제, 나폴리 등지에서 교편을 잡았고,《누벨르뷔프랑세즈(NRF)》등에 기고하며 집필 활동도 했다. 그리고 1930년, 알제의 고등학교에 철학 교사로 부임한 그르니에는 그곳에서 졸업반 학생이던 알베르 카뮈를 만났다. 1933년에 그르니에가 발표한 산문집 『섬』을 읽으며 스무 살의 카뮈는 그때까지 자신이 누려 왔던 "태양과 밤과 바다"처럼 "가득히 채워 준 뒤에는 다 비워 내는 신들"의 목소리와 다른 "신비와 성스러움과 인간의 유한성, 그리고 불가능한 사랑에 대하여 상기시켜" 주는 부드러운 목소리를 들었고, 몇 년 뒤 출간된 자신의 처녀작 『안과 겉』(1937)을 스승에게 헌정했다. 그르니에는 1936년에 19세기 철학자 쥘 르키에 연구로 국가박사학위를 받았고, 팔 년간의 알제 생활 이후 릴, 알렉산드리아, 카이로 등지의 대학교에서 학생들을 가르쳤다. 그의 사상은 흔히 말하는 철학적 '체계'와는 거리가 있고, 실존주의적 경향을 띠고는 있지만 다분히 회의주의적이고 관조적인 철학이다. 그러한 특성은 그가 동양의 도가(道家) 사상과 인도 철학에 심취했고, 마음의 평온을 통해 신과의 합일을 추구한 기독교 정적주의로 기울었던 것과 무관치 않을 터다.

그르니에는 말년에 소르본 대학교에서 미학을 가르치다가 1971년 사망할 때까지 꾸준히 철학적 사유를 담은 책들을 발표했다. 『정통 신앙에 관하여』(1938), 『자유의 선용에 대하여』(1948), 『도가의 정신』(1957), 『불행한 존재』(1945), 『절대와 선택』(1961) 등이 대표작이다. 또한 현대 미술에도 깊은 관심을 기울였던 그는 『현대 미술의 정신』(1951), 『17인의 비구상 화가와의 대담』(1963), 『예술과 예술의 문제들』(1970) 등 미학 분야의 저술들도 남겼다. 그의 사후에도 톨스토이, 도스토옙스키, 카뮈, 루소 등을 다룬 『몇몇 작가들에 관한 성찰』(1973), 스페인의 사제 몰리노스(Molinos)의 사상을 다룬 『정적주의에 관하여』(1984) 등이 계속 출간되었다. 그러나 독자들에게 장 그르니에의 이름을 각인시킨 작품들은 무엇보다 철학적 인식을 바탕으로 하면서도 그것을 일상적인 삶에 대한 서정적 성찰로 확장한 산문집들이다. 그 출발은 물론 그르니에가 알제리 시절 세상에 내놓았고, 1959년에 몇 개 장(章)이 추가된 개정판이『이방인』(1942)으로 이미 명성을 얻은 카뮈의 서문과 함께 출간되면서 더욱 큰 화제가 되었던『섬』이다. 하나의 '섬'으로, 다 함께 떠 있는 '섬들' 중 하나로 살아가는 인간의 삶을 풍부한 감수성과 깊은 사색으로 그려 낸『섬』은 장 그르니에를 — 어떤 사람들은 너무 유명한 제자에게 가려진 스승의 처지를 안쓰러워하기도 했지만 — 어쨌든 가장 아름다운 산문을 쓰는 작가의 자리에 올려놓았다. 그 외에도 프로방스와 이탈리아, 그리고 그리스까지 여행하며 지중해에 매료되었던 그르니에는『지중해의 영감』(1941)을 통해 지중해의 눈부신 풍경들을 되살렸고, 그 외에도 기르던 개의 죽음을 회고한『어느 개의 죽음』(1957), 일상의 작은 주제들을 화두로 고독한 사색을 이어 간『일상적인 삶』(1968), 너무 일찍 세상을 떠난 제자 카뮈를 회고한『카뮈를 추억하며』(1968)를 남겼다. 카뮈와 주고받은 편지들을 모은 『카뮈-그르니에 서한집』(1981)도 그의 사후 출간되었다.

『어느 개의 죽음』은 떠돌이 개로 거리에서 처음 만나 삶을 함께하게 된 반려견 타이오의 이야기다. 말미에 밝혀져 있듯이 "1955년 5월 15일에서 6월 12일까지", 그러니까 약 한 달 동안 쓴 아흔 편의 짧은 단상들로 이루어진다. 이 글을 쓰게 만든 것은 타이오의 죽음이고, 정확히는 그의 죽음이 야기한 고통, 그의 부재가 남긴 슬픔이다. 그르니에는 이미 『섬』에 수록된 여덟 편의 글 중 가장 긴 분량의 「고양이 물루」에서 반려동물에 관해 이야기한 바 있다. 가만히 있지 못하고 닥치는 대로 물어뜯던 어린 고양이가 늙고 다쳐 한쪽 눈을 잃어버린 고양이가 될 때까지, 그르니에는 자신을 "온전치 못한 존재"로 느끼게 만드는 물루의 "가득함"을 조용히 지켜보며 나지막하게 이야기했다. 그에 비해 이 책에는 — 병든 물루를 수의사에게 데려가서 안락사시킨 뒤 정원의 월계수 아래 묻어 주고 떠나던 때의 담담한 어조와 달리 — 슬픔의 정서가 진하게 배어 있다. 무엇보다 제목 자체가 말해 주듯 '개 타이오'의 이야기가 아니라 '개의 죽음'에 관한 이야기이기 때문일 테고, 저자 자신도 『섬』을 쓸 때보다 훨씬 노년에 가까워진, 다시 말해 죽음에 가까워진 나이인 것과 무관하지 않을 터다.

 노년을 앞둔 그르니에게 개의 죽음, 그로 인한 고통과 슬픔은 죽음 자체에 대한 사유로 이어질 수밖에 없고, 그 안에는 개의 죽음을 '치르는' 자기 자신에 대한 반성이 들어 있다. 그르니에는 개에게 다가온 임종의 고통을 지켜보며 괴로워하다 결국 "영원히" 낫게 해 주기 위해 안락사를 시키면서 그것이 '진정 개의 고통을 덜어 주기 위한 일인지 아니면 자신의 고통을 덜기 위한 것인지' 회의한다. 그르니에의 성찰은 자신의 개가 아닌 세상의 모든 개들, 고양이를 비롯한 다른 동물들로 이어지고, 그래서 이 글은 '내 개' 혹은 '그 개'의 일회적 이야기가 아니라 어디서나 반복될 수 있는 '어느 개'의 이야기가 된다. 또한 책 뒤에 부록처럼 붙은 「인간과 동물의 관계에 관하여」라는 글에서는 개와 고양이가 각기 상징하는 친밀감과 거리감이라는 두 가지 대립적인 삶의 방식에 대해 이야기한다. '친밀감'의 '애착'으로 이으려 하는 개와 '거리감'의 '초연함'으로 나누려 하는 고양이를 두고 그르니에는 그것을 '정신'과 '자연', 충실성과 호기심, 사랑과 앎, 신과 신성이라는 이분법으로 파악하면서 인간에 대한 성찰로 이어 간다. 두 가지 삶의 방식은 인간의 마음속에서 늘 함께 다니며 싸우는 두 존재에 상응하는 것이다.

　개를 키우는 사람들, 집 안을 뛰어다니며 성가시게 굴던 어린 개가 동작이 굼뜨고 집 안의 일에 무관심해지는, 몸과 마음이 느릿해진 늙은 개가 되어 가는 과정을 지켜본 사람들은 안다. 헤어질 순간이 멀지 않았음을. 자신의 삶 속에 개를 받아들인 사람들에게 그 개의 죽음은 사랑하는 사람들의 죽음과 같으면서 다르다. 우리 운명의 주인인 대자연의 힘 앞에서 '아무것도 아닌 것'에 저항하게 되는 점은 같지만, 개의 죽음 앞에서 자신은 그의 운명을 좌우하는 다른 주인이기 때문이다.(안락사의 결정이 그 단적인 예다.)

사랑하는, 하지만 죽을 수밖에 없음을 알고 있는 사람의 죽음과 달리, 죽음조차 일정 부분 힘이 부족한 주인인 나에게 내맡겨진 개의 죽음은 그래서 우리의 내면에 깊은 자국을 남기게 된다. 죽음이 불러오는 상실과 함께 그 죽음에 대한 의무와 책임까지 우리가 짊어져야 할 몫으로 남기 때문이다. 결국 그르니에는 자신이 글을 쓸 때마다 다가와 나가자고 조르던 타이오를 회상하며 책상에 앉아 글을 쓴다. "고통은 언어를 얻고 나면 이슬처럼 증발"하기에, '살다'를 대신하는 '쓰다'를 통해서만 고통이 사라질 수 있기 때문이다.

2020년 10월

윤진

장 그르니에 선집 3
어느 개의 죽음

1판 11쇄 펴냄	1997년 8월 30일
1판 15쇄 펴냄	2019년 2월 9일
2판 1쇄 펴냄	2020년 10월 16일
2판 3쇄 펴냄	2024년 8월 30일

지은이	장 그르니에
옮긴이	윤진
발행인	박근섭, 박상준
펴낸곳	(주)민음사
출판등록	1966. 5. 19. 제16-490호
주소	서울특별시 강남구 도산대로1길 62(신사동) 강남출판문화센터 5층 (우편번호 06027)
대표전화	02-515-2000
팩시밀리	02-515-2007
홈페이지	www.minumsa.com
한국어판	ⓒ (주)민음사, 1997, 2020 Printed in Seoul, Korea
ISBN	978-89-374-0287-6 04860
	978-89-374-0284-5 (전4권)

잘못 만들어진 책은 구입처에서 교환해 드립니다.